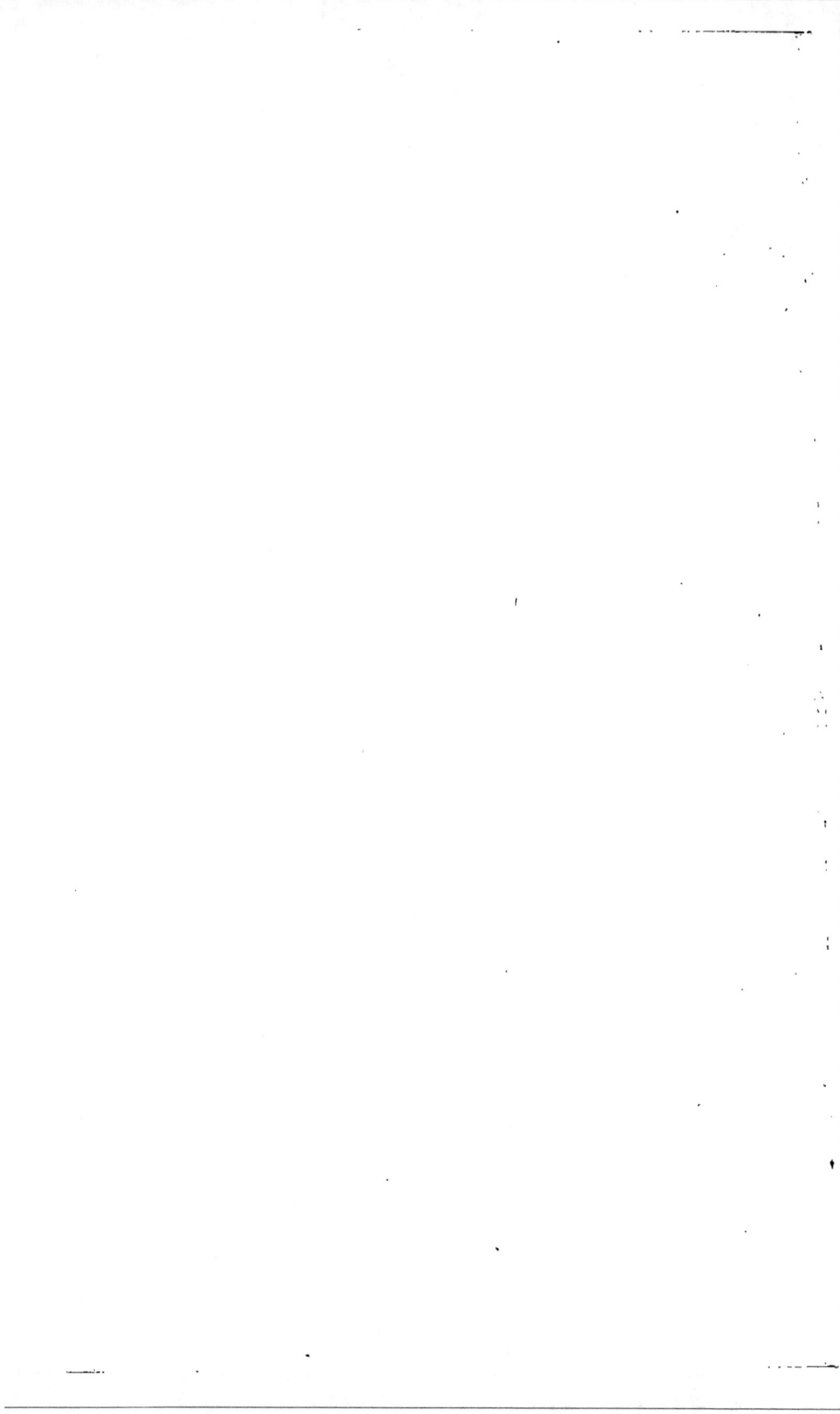

UN
JURISCONSULTE
RÉPUBLICAIN
AU XVIᵉ SIÈCLE

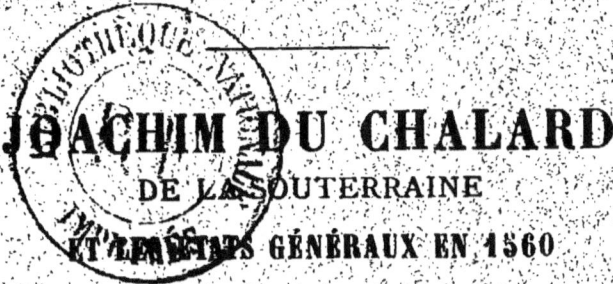

JOACHIM DU CHALARD
DE LA SOUTERRAINE
ET LES ÉTATS GÉNÉRAUX EN 1560

PAR

LOUIS DUVAL
Ancien élève de l'école des Chartes, Archiviste de la Creuse.

Prix : 1 franc.

LIMOGES

Mme Vᵉ H. DUCOURTIEUX, IMPRIMEUR-LIBRAIRE
5, RUE DES ARÈNES, 5

1871

JOACHIM DU CHALARD

DE LA SOUTERRAINE

ET LES ÉTATS-GÉNÉRAUX DE 1560

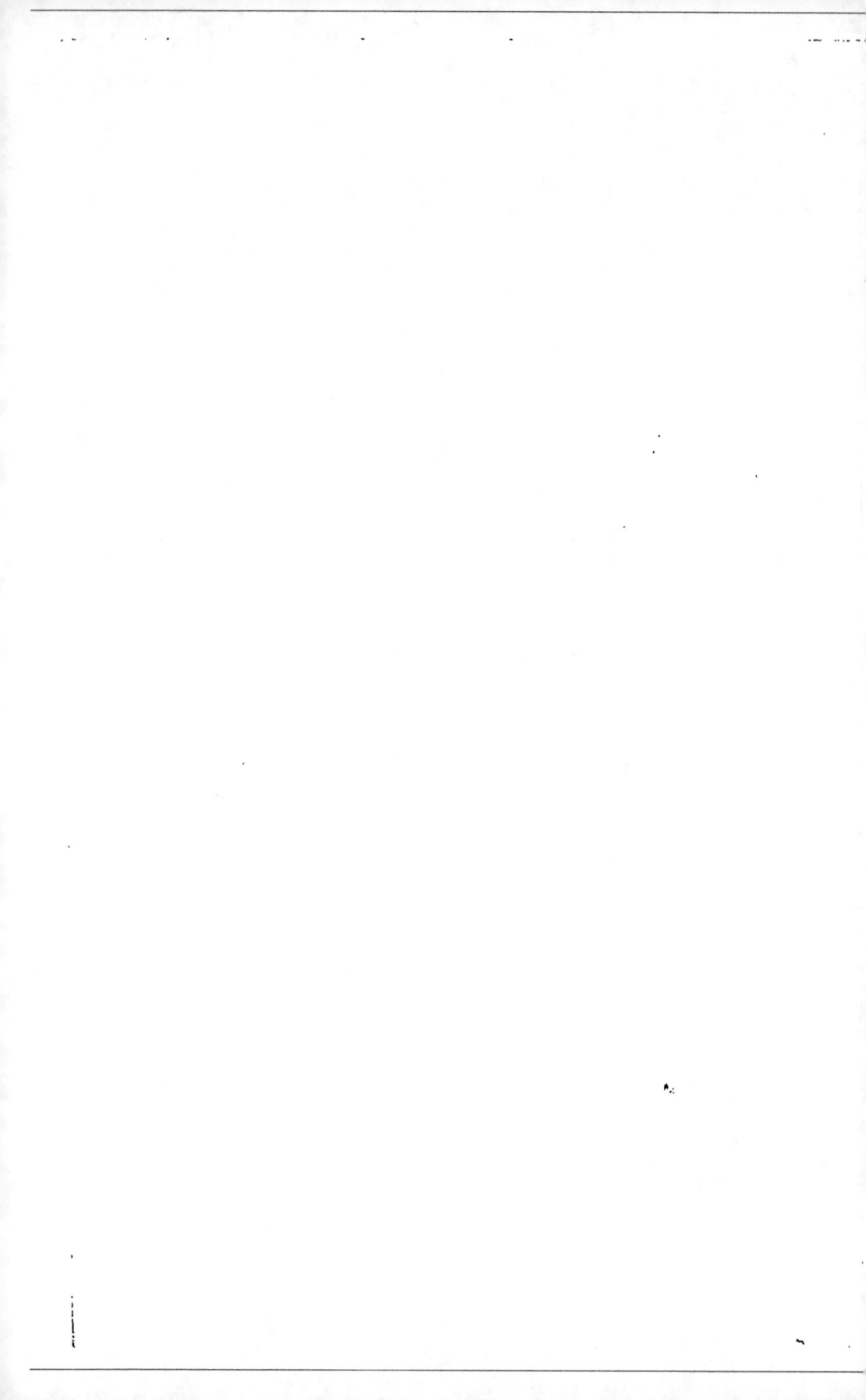

JOACHIM

DU CHALARD

DE LA SOUTERRAINE

ET LES

ÉTATS GÉNÉRAUX DE 1560

PAR

LOUIS DUVAL

ANCIEN ÉLÉVE DE L'ÉCOLE DES CHARTRES
ARCHIVISTE DE LA CREUSE

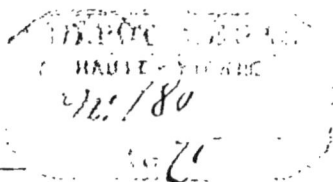

LIMOGES

Mme Ve H. DUCOURTIEUX, IMPRIMEUR-LIBRAIRE

5, RUE DES ARÈNES, 5

1871

Limoges, imprimerie de Mme veuve H. DUCOURTIEUX,

5, RUE DES ARÈNES, 5

JOACHIM DU CHALARD

DE LA SOUTERRAINE

ET LES

ÉTATS-GÉNÉRAUX DE 1560

Certains esprits, frappés de l'instabilité des différents régimes qui se sont succédé en France depuis 1789, s'en prennent volontiers à la Révolution de tous les maux dont souffre la société moderne, et semblent croire que l'équilibre ne peut se rétablir dans nos institutions tant qu'on ne leur aura pas donné pour base l'état de choses antérieur à cette date fatale. Affirmée récemment avec une intrépidité sans égale, cette opinion, quelque chimérique qu'elle soit, peut donner lieu

1.

à des réflexions et à des études rétrospectives, qui, sans avoir l'attrait de la nouveauté, ne sont pas sans intérêt et sans utilité.

Personne n'ignore que, à vrai dire, le germe de la Révolution française se trouve dans le mouvement social qui, au onzième et au douzième siècle, donna naissance aux associations appelées *Communes*. De bonne heure les rois comprirent la nécessité de se mettre eux-mêmes à la tête de ce mouvement, afin de le diriger et de le comprimer : c'est ainsi qu'on a pu donner à Louis VI, dit le Gros, le surnom de *Père des communes*. Les querelles de la papauté et de la royauté sous Philippe le Bel, le peu de capacité de ses successeurs, les désastres de Crécy et de Poitiers, qui marquèrent la décadence définitive des institutions féodales, impuissantes désormais à défendre le sol de la patrie, amenèrent alors le triomphe du Tiers-État et l'établissement momentané d'un régime représentatif plus libéral que celui dont jouissaient alors les Anglais. Malheureusement, cette révolution, compromise par les violences auxquelles son chef, Étienne Marcel, fut entraîné et par son alliance avec les paysans révoltés, dont les sinistres représailles contre les châteaux ont été flétries par l'histoire sous le nom de *Jacquerie,* devait avoir une issue fatale. Toutefois la réaction qui s'ensuivit ne pouvait étouffer les aspirations à un régime meilleur que cette tentative avait fait naître. L'insurrection des Maillotins et des Tuchins, et les répressions cruelles auxquelles elles donnèrent lieu, la tentative beaucoup plus sérieuse d'Eustache de Pavilly et de Jean de Troyes, compromise de nouveau par l'apparition sur la scène politique d'hommes exaltés et sanguinaires, les Capeluche et les Caboche, excités secrètement par le duc de Bourgogne, marquent les étapes sanglantes du Tiers-État dans la voie du progrès démocratique que la royauté réussit alors à contenir pour quelques temps, grâce au découragement profond qui, à la suite de ces excès, se manifesta dans la bourgeoisie. Les réformes réclamées par les États-Généraux de 1356 et de 1414 furent ainsi définitivement ajournées. En vain les États de 1484 et ceux de 1560 formulèrent-ils ces réclamations avec une énergie et une précision qui n'ont été surpassées que par les États-Généraux de 1789 ; la centralisation administrative organisée durant cette période, en donnant de nouveaux ressorts à la monarchie, eut pour effet de rendre plus étroite la chaîne qui pesait sur le peuple, et de neutraliser la résistance qu'aurait pu provoquer l'établisssement du pouvoir absolu.

Il se rencontra néanmoins, pour l'honneur de l'humanité, des hommes courageux qui ne se lassèrent pas de protester, au nom du droit, contre le régime arbitraire auquel la France était soumise.

Les jurisconsultes français, en particulier, se sont distingués par une lutte incessante et pied à pied sur le terrain des textes législatifs, et ils ont du moins réussi à entretenir ainsi dans les esprits élevés la haine du despotisme, l'amour de la justice et des traditions de liberté et de vertu qui rendent à jamais vénérables les noms de l'Hospital, de Mathieu Molé, de Brisson et de de Thou. Au milieu du seizième siècle, Bodin écrivait son *Traité de la République,* Pasquier osait dire, sous Henri III, que « la royauté n'est qu'une des formes de la République, » entendant par ce mot le gouvernement qui a pour but le bonheur du peuple et Hubert Languet écrivait ses *Vindiciæ contra tyrannos (les Châtiments des tyrans).*

[

La région qui forme aujourd'hui le département de la Creuse a produit, au seizième siècle, toute une pléïade de jurisconsultes distingués, qui nous fournissent des témoignages précieux sur la condition du peuple à cette époque, et dont il importe de signaler les tendances libérales.

Citons entre autres Taquenet, Michel Nigon et Nicolas Callet, de Guéret, dont le nom, à la mode du temps, a eu les honneurs de cette anagramme élogieuse : *Nicolas Callæus*, LAUS INCLUSA COELO, et de cette étymologie grecque : καλλαιον, καλλοις ἄπο. Callet, auquel les beaux esprits, à l'occasion de la publication de son *Commentaire sur les coutumes de la Marche*, adressèrent des ïambes, des sonnets et des épigrammes, dont on peut citer cet échantillon, curieux par les idées toutes romaines et toutes païennes qui y sont exprimées :

> Civibus e multis quales felicibus agris,
> Florentes studiis, Marchia dives alit,

Non alius patriæ tantos adjecit honores.
Munere non alio miseros donasse Quirites
Credibile est Flavium, sancte Quirine, tuos.
Squallebant leges neglectaque jura tuorum,
Tu, Callæe, negas primus...

Pardoux Duprat, d'Aubusson, autre commentateur des *Coutumes de la Marche*; Roland Betolaud, poëte et jurisconsulte, né à la Souterraine; Barthélemy Auzanet, de la même ville, ne sont pas moins distingués. Mais, entre tous ces écrivains, celui qui nous paraît le plus original et le plus remarquable, c'est Joachim du Chalard. Malheureusement les détails biographiques sur ce personnage nous font défaut. Nous savons seulement que, né à la Souterraine (1), du

---

(1) On montre à la Souterraine une maison où l'on assure que J. du Chalard est né; nous ignorons sur quel fondement repose cette tradition. On montre également à Felletin au voyageur surpris de rencontrer dans cette petite ville la statue élevée à Quinault, la maison où, d'après la tradition locale, est né le célèbre auteur des opéras. Malheureusement, en dépit du témoignage de l'historien de la Marche, M. Joullieton, confirmé par l'autorité du ministre de l'instruction publique, M. de Falloux, qui a souscrit pour l'érection de ce monument, les actes de baptême et de mariage du célèbre poëte lyrique, extraits des anciens registres de l'état civil de la ville de Paris (aujourd'hui détruits dans l'incendie du Palais de justice), et publiés, il y a quelques années, par M. Jal, archiviste de la marine, ne permettent pas de conserver aucune illusion à cet égard; ce qui prouve que les traditions locales sont loin de mériter toujours une confiance absolue.

Chalard devint avocat au Grand Conseil, juridiction souveraine qui statuait sur les différends relatifs aux archevêchés et évêchés, abbayes, etc., et sur les contradictions que pouvaient présenter les arrêts. Dans le cours de sa carrière, du Chalard eut ainsi l'occasion d'aborder l'étude des questions les plus élevées de l'ordre civil, politique et religieux. Du Chalard qui, comme la plupart des grands jurisconsultes du seizième siècle, dut incliner vers quelques-unes des idées préconisées par la Réforme, comme le témoigne, du reste, son livre intitulé *Origine des erreurs de l'Eglise*, paraît cependant être resté fidèle au catholicisme. L'ouvrage le plus important qu'il ait publié est la *Sommaire exposition des ordonnances du roy Charles IX, sur les plaintes des Trois-Etats tenus à Orléans*, l'an 1560. Du Chalard, qui mourut vers 1562, survécut peu à la publication de ce livre, que l'on peut ainsi regarder comme une œuvre de maturité et comme le résumé des idées de toute sa vie.

Les États-Généraux d'Orléans, tenus en 1560, avaient, comme nous l'avons dit, énergiquement réclamé quelques-unes des principales réformes politiques, religieuses, administratives, judiciaires, qui ne devaient se réaliser que plus de deux siècles plus tard. Du Chalard, prenant pour texte les cahiers des Trois-Etats et l'ordonnance de Blois, rédigée par l'Hospital, publia, sous le titre de *Sommaire exposition*, un commentaire éloquent qui en peu d'années eut un grand nombre d'éditions la première, publiée à Paris en 1562. Ce livre,

aujourd'hui presque oublié, nous paraît digne d'attention. On y trouve, en effet, avec des vues politiques
très remarquables pour le temps, une critique éloquente
et impitoyable des abus et des vices de l'époque et un
tableau saisissant des misères du peuple. Le style de
cet ouvrage, écrit dans cette langue du seizième siècle,
vigoureuse, pittoresque, dont la cour de Louis XIV
nous a gâté l'allure franche et originale, n'est pas moins
fait pour éveiller l'attention. Il est telle page de la
Sommaire exposition que l'on croirait extraite de Juvé-
nal et traduite par Rabelais; et pourtant ce n'est qu'une
esquisse rapide, tracée par la main d'un grave jurisconsulte, qui, accoutumé par état à la précision et à
l'exactitude, n'a eu pour but que de reproduire fidèle-
ment ce qu'il avait sous les yeux, sans se préoccuper
de l'effet obtenu au point de vue de l'art.

Du Chalard avait si bien le sentiment de la nécessité des réformes radicales, et des catastrophes auxquelles on exposait la société en refusant de les accor-
der, qu'en tête de son livre il n'a pas craint de placer
cette épigraphe menaçante, extraite d'Isaïe :

« Parce que l'on a transgressé les lois, qu'on a perverti le
» droit, malédiction dévorera la terre : les habitants d'icelle
» deviendront insensés et seront exterminés, tellement qu'il
» en demeurera bien peu. » (ISAÏE, XXV.)

Ce livre est dédié « à la magnifique et excellente
République françoise », à laquelle l'auteur souhaite
perpétuelle félicité et augmentation de sa grandeur.

« Si la nature, dit-il, m'avoit baillé l'esprit, Dieu, la grâce, et le temps, l'expérience, florissante République françoise, des choses qui peuvent concerner ton utilité, je te supplie humblement ne faire aucun doute que je ne voulusse fort soigneusement et jusques à la sueur m'employer et consumer tous mes travaux pour te faire service agréable et porter journellement quelque singulier profit... Reçoy donq, je te prie de grâce, ce petit présent de moy, ayant égard plustost à l'affection et saine volonté, qu'à ce que je t'offre, consacre, dédie et présente d'aussi bon cœur, que je prie l'éternel t'octroyer durée perpétuelle en ton essence, sans tomber entre les mains de tes ennemis, recevoir aucun encombrier, ne prendre aucune diminution ou débilitation en tes forces, vertuz et grandeurs :,et qu'il me baille toujours moyen (tant que la vie me durera au corps) de te faire tout service agréable sans douter (1) les langues de je ne sçay quels aspres censeurs cretiques, qui reprennent et corrigent toutes choses, tant soyent-elles bien limées et élabourées (qui s'offrent devant les yeux), et n'ont toutefois le cœur ne la hardiesse de rien entreprendre, tant ils sont pusillanimes et stupides. A Dieu. De Paris, ce douziesme d'avril 1562.

A la suite de cette dédicace se trouve ce sonnet, moins remarquable au point de vue littéraire qu'au point de vue des idées politiques et morales qui y sont exprimées :

---

(1) Redouter.

L'AUTEUR A LA RÉPUBLIQUE ET AU LECTEUR

SONNET.

« Tes beaux Estats, République de France,
Que du Chalard t'a commentez, reprends,
Et non à *luy*, mais à Dieu grâces rends :
Car n'y a mis rien que sa diligence.
Et si aucun y recevoit offense
En quelques mots *plus dans le vif entrant*
Que coups de dague ou de traits pénétrans,
Croye qu'aux bons point parler il ne pense,
Ains (1) aux pervers, polus, souillez et ords,
Pour les dresser ou du tout mettre hors
Du corps commun et françoyse campagne,
S'ilz n'ont désir à meilleur port se rendre.
Plaise toy donq mon présent en gré prendre
En attendant les beaux Estats d'Espagne.
             Là est mon but. »

La convocation périodique des États-Généraux et provinciaux, sur le pied des Cortès d'Espagne, tel était, en effet, à cette époque, le vœu de tous les bons citoyens, et dans son *Commentaire sur l'Ordonnance de Blois*, laquelle, malheureusement, devait rester à peu près lettre morte, du Chalard, avec raison, est revenu plus d'une fois sur cette idée. Le choix fait par le jeune roi Charles IX du chancelier l'Hospital pour son

---

(1) Mais.

premier ministre avait fait naître l'espérance de voir
enfin se réaliser ce programme. En tête de son livre,
du Chalard place quelques conseils à l'adresse du
prince, que celui-ci devait sitôt oublier ; il a soin de
lui tracer ce programme politique :

« Gouverner humainement et non par rigueur, cruautez tyran-
niques et barbares, et opinion brutale de quelques brandons de
guerre, flatteurs, sangsues et esponges de cour, qui comme
chiens d'Actéon mangent leurs maistres et seigneurs, plus
prompts à tirer quelque gain et profit particulier des princes,
qu'âpres et de bon vouloir pour leur bailler quelque souverain
et esquis remède d'entretenir la République en vray repos, la
rendre florissante comme un lis en vigueur, accroître les
vertus et chasser les vices. »

II

Le Commentaire de du Chalard est divisé, comme l'ordonnance de Blois elle-même, en différents articles : 1° clergé ; 2° justice, police et municipalité ; 3° univer sité ; 4° noblesse ; 5° tailles et impositions ; 6° commerce ou marchandise. Nous nous proposons de les examiner successivement.

Le premier article est relatif à l'élection des archevêques et évêques, selon les anciens statuts, dont l'abandon avait amené tous les maux de l'Église.

« Par faveur, dit du Chalard, amitiez et argent, les idiotz et ignorans asniers tenoyent et possédoyent les gros bénéfices, les hautes dignitez et grandes prélatures... Et le plus souvent estoyent créez évesques encores non à plein façonnez dedans la matrice de leurs mères, dont s'est largement et à bon escient

2.

ressentie toute la chrestienté. Et ne se sont peu tenir les
peuples affligez d'asprement murmurer se voyans conduits par
telles manières de gens ou par leurs suffragans, lieutenans et
vicaires de mesme farine que leur maistres... Par cela, on ne
s'est peu tenir de les vespériser (1) par mille pasquilles et libel-
les fameuses, et on a jetté ces vers au regret de l'élection
perdue contre les usurpateurs d'icelle et les pourvus indigne-
ment des dignitez ecclésiastiques :

> Au temps passé, l'Esprit sainct élisoit
> Ceux dont vouloit l'Église estre servie.
> En ce temps là, vertu fruict produisoit,
> Car les éluz estoyent de saincte vie ;
> Mais maintenant, les mondains, par envie,
> Ont usurpé la saincte élection :
> Dont s'en ensuyt humaine affection,
> Et par ainsy, tous vices procédez
> Sont des pasteurs, qui nous sont concédez
> Par les chevaux, par la poste et par dons.
> Trop mieux vaudroit les élire à trois dez,
> Car à l'hazard, ils pouroient estre bons.

Item.

> Au temps passé, en l'aage d'or :
> Crosse de bois, evesque d'or ;
> En ce temps sont autres les lois :
> Crosse d'or, evesque de bois. »

A la suite se trouve un chapitre où les vices intro-
duits dans le clergé par la nomination des créatures du

---

(1) Réprimander.

roi aux évêchés et abbayes, sont peints avec des cou-
leurs dont la vivacité offenserait la pruderie moderne, et
qui, comme le dit l'auteur, « serviroyent directement
aux mauvais. »

« O immense bonté de Dieu ! s'écrie-t-il, jusques à quand per-
mettras-tu tel vice énorme régner entre les hommes ! Ne ver-
rons-nous point choir sur eux tel exemple que Dathan, Abiron,
Sodome, Gomorrhe, Simon Magus et plusieurs autres de
mesme calibre et intention !... »

Citons seulement les deux passages suivants qui
suffisent à montrer à quel degré d'abaissement était
tombé le clergé à l'époque où éclata la Réforme.

« Que les prestres n'aillent plus vaguans, vicarians, pérégri-
nans et bélistrans d'un lieu en autre, comme Boëmiens et
Juifs espars et esgarez, au grand mespris et contemnement de
l'ordre presbytéral.

» Parce que les vicaires sont pour le jour d'hui tous fermiers
et assensataires des beneficiers, il n'y a moyen illic**e qu'ils
n'ayent controuvé pour avoir argent, jusques à demander pour
l'eau béniste, pour le saint vinage (1), et mille autre petites
marchandises, exerçant boutique et magazin d'avarice et l'ar-

---

(1) Le *saint vinage* était un mélange d'eau et de vin, béni
et consacré à saint Jean l'évangéliste. Ce breuvage passait
pour un puissant préservatif contre la stérilité et les charmes
des noueurs d'aiguillettes. Dulaure raconte que sur la limite
du département de la Creuse et de l'Allier, dans la commune
de Saint-Janvier, on se rendait en pélerinage, le 24 juin, à un
oratoire dédié à saint Jean et à saint Rémi, pour y boire le

ronnerie en l'Église. Si un pauvre homme veut espouser femme, et n'a argent en main, le révérend vicaire ne le permettra entrer dans l'église, ne souffrira allumer les lampes et torches, sonner les cloches, faire les obsèques et fosse; il ne baptisera un enfant, il n'administrera les sacrements à qui que ce soit, s'il ne voit qu'il y ait à gagner. Où est le bon saint Paul pour crier, et fléau et ire de Dieu pour accabler tels grippe-deniers ?... »

Du Chalard censure avec non moins d'énergie les manœuvres qui se pratiquaient pour faire entrer en religion, contre leur vocation, une foule de jeunes filles, qui, une fois au couvent, « se repentent amèrement et durant tous le cours de leur vie d'une chose qu'elles ont faite en un moment et trop de léger ». L'auteur entre à ce sujet dans des détails dans lesquels, on le comprend, il nous serait difficile de le suivre. Nous en dirons autant de ses critiques contre les moines :

« Il ne faut point, dit du Chalard, aller voir jouer les basteleurs pour prendre du passe-temps ; on en recevra assez escoutant parler ceux de saint Dominique contre ceux de saint François, et ainsi des autres religions, inventées à plaisir, selon la bigottise et fantaisie des hommes, à la forme des religions ethniques et payennes de l'empire de Satan élevées. »

---

saint vinage. La croyance aux noueurs d'aiguillettes ou *fasciniers* était, en effet, très répandue dans ce pays. Dulaure, qui avait reçu à ce sujet des notes de Baraillon, cite le nom d'un individu de la commune du Châtelet, canton de Chambon (Creuse), qui passait pour nouer l'aiguillette, et qui, sur ce soupçon, fût assassiné vers le commencement du siècle.

III

Le second chapitre, consacré à la justice, n'est pas moins intéressant. Du Chalard s'élève d'abord avec une verve admirable contre la *multiplicité des fonctionnaires*, abus qui, comme on sait, ne paraît pas avoir sensiblement diminué depuis cette époque, pour ne pas dire plus.

« La cour du Roy, dit-il, estoit chargée et pleine d'officiers, qui là s'introduisoyent pour attendre (comme l'arbalestrier qui attend le lièvre au giste, ou le héron à la rive d'un fleuve le poisson) quelque vacation d'office... L'avarice a introduit telle pluralité plorable et lamentable pour les maux innumérables qu'elle a portés au povre peuple esperdu, tant atténué et appovry par leur peur et subtibilitez qu'il est tombé jusques au dernier période de désolation. Si l'on invéhit contre les gens d'Église, parvenus au dernier dégré de meschan-

ceté, l'occasion, la matière et l'argument et subject est plus
grand contre les gens de justice. Il n'est pas tenu et réputé
pour homme d'esprit, savant et brave, qui n'est pourveu de
quelque office. Par là, ils viennent aux grands mariages, aux
gros bénéfices pour leurs enfans, pour leurs nepveux ; par là
ils épuisent les biens des provinces ; par là, ils se font hono-
rer comme Dieu et commandent comme Roys ; par là, ils ag-
grandissent leur maison et abattent les autres et couvrent sous
leurs ailes les maux et delicts de tous ceux de leur parenta-
ge, leur baillans par ce moyen, licence et audace d'injurier
l'un et de battre l'autre, lesquels on n'ose appeler en jugement
doutant les faveurs et hauts créditz de leurs excellent parent et
maistre raby (1), qui avec un mot de lettre fera taire le juge,
clora le bec au procureur du Roi ou fiscal, et consumera la
partie offensée. Je ne veux pas conclure qu'il ne soit bon d'estre en office, si on veut estre homme de bien, si on en est
capable, si on y veut bien verser ; car peu seroit d'avoir des
lois en une République, s'il n'y avoit magistrats et officiers
pour les faire entretenir et garder estroitement.

» La quantité et multitude des officiers est si grande en France,
voire en une petite ville (que doit estre aux superbes et populeu-
ses), qu'on diroit que c'est un corps à plusieurs testes. Où il
suffiroit d'avoir un juge ordinaire, on en crée autant qu'il se
présente de porte-deniers...

» Il seroit fort utile, selon mon avis, pour le bien public, râcler
et retrancher la tierce partie de tant d'officiers, et les réduire
au nombre qui peut suffire pour l'exécution de la justice.

» Ce que la calamité de la guerre a introduit de mauvais et

(1. *Rabbi*, maître ; mot hébreu.

vicieux en une République, avenant le temps serain et grâcieux de paix, doit estre rejetté et retranché entièrement. »

Le cumul des fonctions, qui marchait de pair avec leur multiplicité, fut interdit par l'ordonnance de Blois : « A l'advenir, nul, de quelque qualité qu'il soit, ne pourra estre pourveu ne tenir qu'un seul office. » Du Chalard applaudit vivement à cette réforme, et produit à l'appui d'excellentes raisons applicables à tous les temps :

« Ainsi faisant, les jeunes hommes en literez, par si longue espace de temps, reculez par faute d'argent, seront appelez et avancez pour l'advenir et employez aux affaires. Et sera mieux servie et administrée la République françoise. A la vérité, il n'est si petit office qui n'occupe tout homme s'il y veut travailler et faire son devoir. Mais la nature de nous tous est tant gloute, est tant ambitieuse et avare aux honneurs mondains, que chacun tend d'estre et lay et ecclésiastique, diable et ange tout ensemble, et avoir trois ou quatre offices l'un sur l'autre : ce que n'est raisonnable ni proffitable tant à ceux qui tiennent tant d'estats qu'à ceux qui les doivent.

» En une République bien instituée, disoit Cicéron en son livre troisiesme *de Naturâ Deorum*, il faut qu'il y ayt différence des bons et des mauvais, par preme (1) et par supplice, c'est-à-dire, il fault que les mauvais soyent puniz de leurs meffaitz, et les bons recompensez des services et belles actes qu'ils ont

(1) *Præmium*, récompense.

faits pour le bien public. Ce que ne se pourroit commodément faire si un seul exerçoit plusieurs offices et tenoit diverses dignitez. »

L'ignorance, la partialité et la vénalité des juges trouvèrent en du Chalard un censeur impitoyable. Il ne fait pas grâce davantage aux médecins de son temps, dont la pratique déplorable est suffisamment connue :

« Les lois, d'elles, sont saintes, religieuses et équitables, mais les ministres d'icelles et les praticiens gastent tout, pervertissent tout; d'un procès en font trois ou par ignorance ou à l'escient, et tout exprèz pour avoir plus d'argent, rendent les procès immortels et les plaideurs à l'hospital : tellement qu'il est meilleur à une partie de quitter son droit que de se ruiner à le poursuyvre. On faict du droict comme de la médecine (science fort exquise, louable, profitable et bonne), mais ceux qui la préparent gastent, corrompent et altèrent tout, baillans le blanc pour le noir, l'esventé pour le frais et le gasté pour le sain, bon et naturel. Ces deux là destruisent les hommes, de biens et de corps, par la meschanceté de leurs ouvriers et ministres. »

Du Chalard met ensuite à nu, avec une grande éloquence, le caractère de cruauté et de barbarie que présentait trop souvent l'administration de la justice sous l'ancien régime. Il demande que les juges seigneuriaux, aussi bien que les juges royaux, aient un salaire fixé, de façon qu'ils ne soient plus réduits à vivre de « concussions, d'extorsions, de larrecin ne pillerie par espices, enquestes ou autres esmoluments de justice, et ne vexer les povres subjets et justiciables, soyent du roy ou des seigneurs justiciers, par exécutions ou emprisonnements, comme ils font bien souvent et *despaïser* par leur cruautez et tyrannies les povres habitans qui n'ont meilleur que *d'abandonner tout* quand le juge ou procureur *leur en veulent.* »

« Tels oppresseurs et gehenneurs du peuple, continue l'auteur, et qui plument si bien qu'ils ne leur laissent rien que la seule parole pour déplorer leurs calamitez et raconter leurs passions, devroyent estre puniz comme ennemis plus cruels du genre humain que le despiteux Timon, philosophe athénien, lequel, durant tout le cours de ses ans, ne feit que souhaiter maux et ruines aux hommes et à la terre, élément commun et retraite de tous en leur desfaveur.

» Au lieu de prisons humaines et qui sont faites et inventés seulement pour l'asseurance qu'on veult avoir des personnes, aux fins de les faire ester à droict, pour la satisfaction de leurs debtes ou crimes qu'on leur impose, on fait des cachots, des tanières, cavernes, fosses et spélonques, plus horribles, obcures et hideuses que celles des plus vénimeuses et farouches bestes brutes, où l'on les fait roidir de froid, enrager de male faim, hâner de soif et pourrir de vermine et povreté : tellement que, si par pitié et commisération, quelcun les va voir, on les voit lever de la terre humoreuse et froide, comme les ours des tanières, tout hérissés de poils, vermoluz, bazanez, emboufitz, si chétifs, maigres et deffaits, qu'ils n'ont que le bec et les ongles.

« O cruauté félonne et desplaisante devant la face du Seigneur, et chose par trop estrange de voir les hommes estre tant

ennemis de ceux de leur sexe ; en cela estant de pire condition
que les animaux, qui par un instinct naturel, ayment et deffen-
dent ceux de leur espèce !

» Aux fins que la justice fust exercée plus rondement et plus
diligemment en France quant aux malfaicteurs, ont esté establis
des prévosts des mareschaux, lesquels doivent estre lettrez,
de bonne vie, et bien experts en pratique et non ignorans
du droict. Toutefois, la pluspart sont du tout en tout sans
l'une et l'autre partie, et n'ont non plus de lettres qu'un crapeau
a de plumes, ce qui les rend tant cruels et sévères, et qui leur
fait moins tenir compte de la vie d'un homme que de la vie
d'une beste brute : par cela, on les nomme sanguinaires, tyrans
et boureaux du peuple. Il y en a qui en font conscience, mais
bien peu ; les autres, pour complaire à un gentilhomme ou autre
seigneur, et le plus souvent par argent, feront un procès cri-
minel dedans un jour à un homme, aux fins de le *dépescher*
et faire mourir auparavant qu'il puisse entendre pourquoy il
est prisonnier, prendre conseil et s'aider d'aucun remède de
justice. Et quelquefois, feront fouetter ou pendre un homme
pour cinq sols, et, par force de torture et gehenne barbare et
inhumaine, luy feront confesser et dire des choses desquelles
il ne pensa jamais.... Mais, cependant, l'attentat qui est fait sur
le povre homme exécuté demeure pour jamais irréparable. »

Les abus étaient portés au point que la *maréchaussée*,
elle-même, était grandement soupçonnée d'être *d'intel-
ligence avec les voleurs :*

« Encore dure cecy fort mauvais à l'endroit de plusieurs prévosts, que si un povre homme qui a reçu quelque tort et
dommage par les voleurs et larrons les en va advertir, ils n'y
iront jà si leur despense ne leur est faicte et à leurs archers et

n'ont argent pour leurs journées, qui fait que les povres gens ayment mieux baisser la teste et endurer de tels dommages et oppressions que de despendre ce peu que leur reste. »

La manie des procès, qui subsiste encore aujourd'hui dans le département de la Creuse plus vivace qu'en aucun autre pays, était, comme on sait, une des plaies de l'ancien régime : quelques grandes que fussent les lenteurs calculées de la procédure, elles ne décourageaient pas la ténacité des plaideurs. Du Chalard nous en fournit un exemple emprunté à son pays natal, et que nous citons à cause de cela :

« J'ai vu un procès d'un carolus, une fois payé, venir du juge ordinaire au séneschal et de là à la Grande Chambre, pour y estre plaidé au parlement de Bourdeaux. Au mesme parlement en y est venu un autre de mon temps du juge ordinaire de la Souterraine (ville de ma naissance), auquel n'estoit question que d'un *joug de bœuf*, lequel cousta plus de cinq cents livres.»

Les notaires, procureurs et avocats ne sont pas épargnés par du Chalard, quoiqu'il fût avocat lui-même :

« Le pape Nicolas IIIe du nom haïssoit les notaires, tabellions et procureurs de la chicane *comme la peste*, car il disoit qu'ils vivoient du sang des povres gens. Dynus les appelle *perroquets*, d'autant qu'ils rechantent, redisent et remettent par escrit ce qu'ils entendent, qui leur est commandé et narré par les contrahants...

» Le Pape, au temps passé, créoit certains notaires aposto-

liques qui s'ingéroyent de passer les testaments, ce qu'à porté
beaucoup de préjudice pour les enfants, d'autant que tels gentils
notaires, qui n'avoient qu'un latin de bréviaire et de cuisine
et grossier, séduisoyent, surbornoyent et persuadoyent les mala-
des de leur laisser ou à l'Église argent, terre, maison ou autre
chose, aux fins qu'on fît commémoration et remembrance d'eux
perpétuellement, les gaignant par un ou par l'autre moyen,
ou par gloire, comme Satan voulut tenter Jésus-Christ au
désert, ou par crainte, leur ramenant devant les yeux les peines
horribles du purgatoire. »

IV

A cette époque, la féodalité, ruinée désormais comme institution politique et militaire, prétendait néanmoins non-seulement conserver tous ses priviléges, exemptions de taille, etc., mais les choses en étaient venues au point que les députés du Tiers-État avaient dû, à l'assemblée d'Orléans, faire une remontrance au sujet des « corvées, extorsions, contributions et autres semblables exactions et charges indues, » dont les nobles accablaient le peuple. Ces plaintes donnèrent lieu à plusieurs articles de l'ordonnance de Blois, qui ne furent pas mieux exécutés que les précédents, mais que l'histoire doit enregistrer comme un témoignage.

» Les povres laboureurs et villageois, dit du Chalard, sont toujours en douleur perpétuelle. Tantost ils ont occasion de se

3.

plaindre d'une chose, tantost de l'autre : tantost de la pluye trop abondant, tantost de la sécheresse excessive; tantost des chenilles, tantost des vens et tempestes ; *mais surtout des nobles*, qui les rançonnent et battent, qui renversent leurs bleds en chassant, et leur font mille autres inhumaines extorsions. Par cela se complaignant disoit le rustique :

> Les nobles me mangent mon bien,
> En oultre me font mille alarmes ;
> Puis les sergents et les gendarmes
> Me battant vont pillant le mien.

» De cecy j'ai parlé en plusieurs endroits, mais encore icy je ne me puis contenir de dire (veu que le Roy m'ouvre le propos en cest article) que toutes les angoisses que pourroyent recevoir les laboureurs plus poignantes procédent des nobles (qui font comme le monstre Endiriagne, lequel suça et le laict et le sang de sa mère nourrisse). Ils en tirent ce qu'ils peuvent arracher ; ils les rongent jusques aux os, et s'ils leur dénient quelque chose, voilà leurs serviteurs ou les gendarmes qui les vous font de ce pas battre et piller... Les povres laboureurs sont ainsi malmenez, sont ainsi tourmentez journellement, et ne peuvent avoir raison de leurs droits autour des juges pédanés, si les seigneurs s'en meslent, car les povres juges n'oseroient bailler appointement ou sentence qui leur désagrée.

» Certainement, qui considérera le povre laboureur françoys. il est tant chargé que je m'estonne comme il y peut satisfaire. Car il leur faut payer au seigneur foncier, tant d'avoine, tant de froment, tant de seigle, de poules, de binots, vinades, de guets et arrière-guets et autres choses, que c'est pitié à l'ouyr conter par le menu : puis tant de tailles au Roy, outre cela.

il est pillé des gentilz hommes et battu (des mauvais), puis par les gendarmes, encore plus des sergents.

» Il advint en Picardie une chose digne d'estre autant plorée qu'admirée, d'un povre villageois qui avoit six petits enfans privez de mère, auquel un cruel sergent feit tant d'ennuiz, et l'appovrit tant par exécutions diverses, pour payer sa cottité des tailles, que luy ayant emporté, licts et chalis, les fenestres et portes de sa maison, icelle découverte du tout en tout; enfin ce povre rustique pour se retirer et ses povres enfants, ayant couvert de chaume un appentif, et y meit quelque paille dedans, ainsi qu'il départoit un pain à ses enfants, qu'il leur avoit apporté revenant de sa journée, le malheureux sergent arrivant le luy va ravir des mains, et l'emporte. Ce povre homme cognoissant n'avoir moyen d'en recouvrer d'ailleurs, et que ses enfants n'avoyent mangé de tout le jour, et mouroyent de faim, se meit un couteau dans l'estomach, disant qu'il aymoit plus cher mourir le premier que de voir endurer ses enfants, et mourir tous audevant ses yeux par faute d'alimens. »

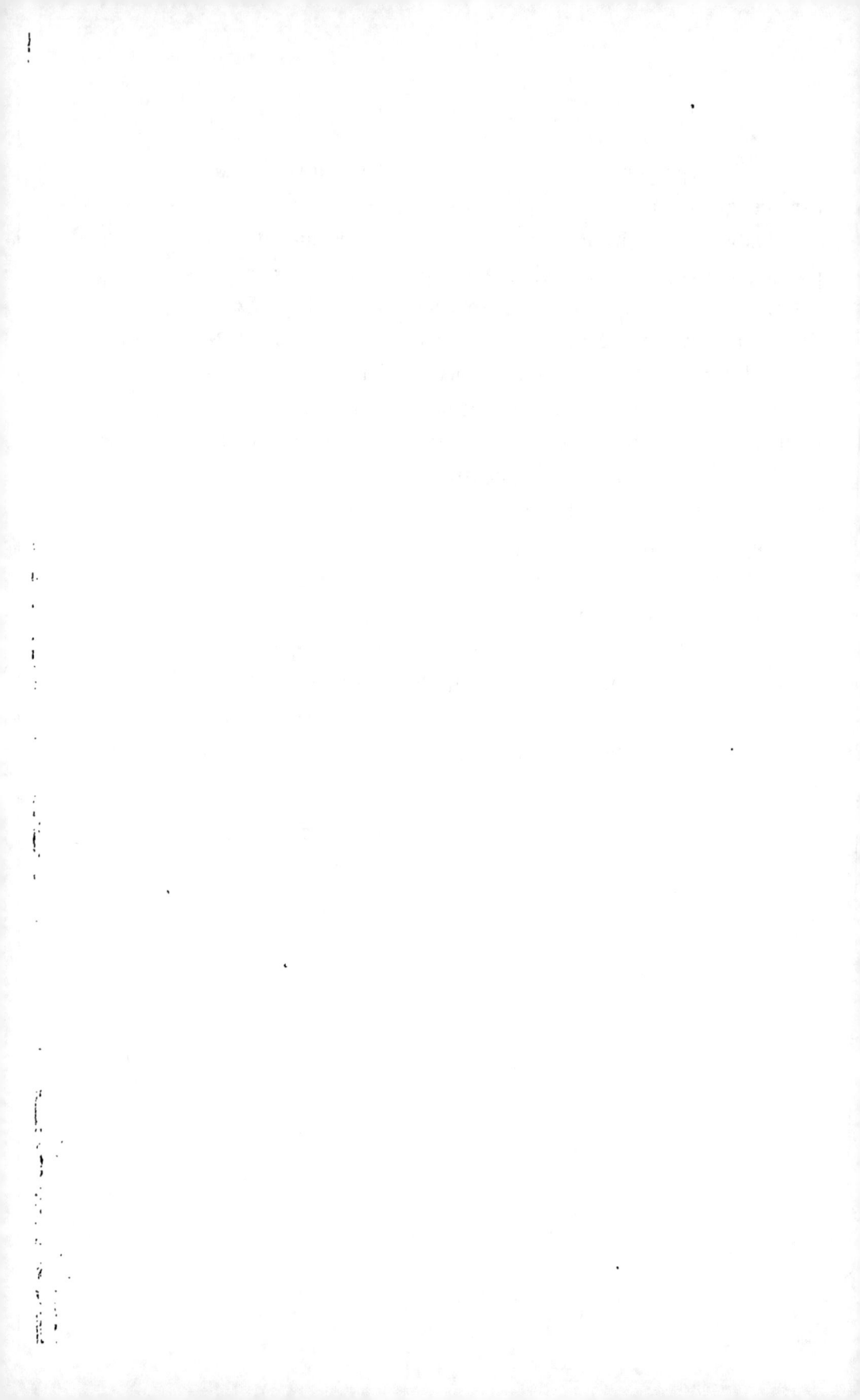

V

La condition des habitants des villes était infini-
ment meilleure que celle des habitants des campagnes.
Le régime communal, bien qu'il eût perdu le caractère démocratique que, dans beaucoup de villes, il
avait revêtu à l'origine, assurait encore aux bourgeois
la liberté intérieure ; la sécurité et une certaine ai-
sance en étaient la conséquence. Malheureusement, les
rois avaient, sous prétexte de veiller à la perception
et à l'emploi des deniers communs, créé des officiers
appelés superintendants, contrôleurs, etc., qui absor-
baient pour leur traitement *la moitié des revenus des
villes*. Ces fonctions étaient, de plus, parfaitement inu-
tiles, puisque, outre les vérifications faites par la Chambre des comptes, les maires et échevins étaient tenus
« par certaines années, aller rendre les comptes de-

vant le séneschal du lieu, et monstrer en quoy on a converty tel argent, à quelles réparations ou fortifications a esté besoing l'employer. Et note que les citoyens ne le peuvent approprier à leur proffit, ainsi que le font en plusieurs lieux, qui le prennent advenant quelques surcroiz de subsides et imposts. »

Les fraudes et les sophistications, les banqueroutes préméditées que, à cette époque comme de nos jours, certains marchands pratiquaient sans scrupule, sont décrites par du Chalard avec une naïveté piquante.

« Les artisans, dit-il, font la troisiesme partie du corps d'une République, comme tient Euripides... Et devroyent estre aigrement puniz quand, par les subtilitez de leur art, ils y commettent impostures, tromperies et fraudes, pour decevoir les povres gens, comme font fripiers, teinturiers et un millier d'autres, qui fardent et déguisent si bien les marchandises corrompues, usées et vieilles, qu'ils les font voir et prendre pour neufves aux povres gens, voire quelquefois aux plus rusez. Le premier sanctuaire qu'ils ont est de se parjurer et decevoir leur prochain : de sorte qu'à peine aucun faisant telles trafiques se peut enrichir qu'en trompant l'un et l'autre. Et ont en leur commun proverbe : Qu'il ne faut que tourner deux ou trois ans le doz à Dieu, et éslargir un peu l'entrée de sa conscience pour s'enrichir et surmonter la fortune. Ils sophistiquent, altèrent, corrompent et déguisent leurs denrées et marchandises. Cela est tant de l'appanage de leur mestier, que mesme ils instruisent leurs facteurs et serviteurs en leur jeunesse ; et à ceux qui ont mieux apprins ils augmentent les gages et donnent plus grand pris, à ceux principalement qui çavent mieux parjurer, jouer du plat de la langue, attirer les gens ou contrefaire le Genevois, le Florentin, le Vénitien. Aussi est réduite la chose en si piteux estat pour le jourd'hui que vous n'oseriez sortir d'une boutique après avoir offert quelque pris que, y retournant incontinent, ne la trouvez supposée, escarmotée et changée par l'artifice et astuce prompte de ces larronneaux, lesquels ne font conscience d'engager leur âme au diable pour enrichir leurs maistres, et de faire (comme les médecins qui baillent un *decipe* pour un *recipe* muant la lettre de r en d), supposant, une marchandise pour l'autre et contrefaite pour vraye.

» Il y a encore une autre espèce de marchans et artisans (desquels j'ay un peu touché en l'article des repitz) qui ornent leurs boutiques des denrées des autres, et, soubz prétexte de faire quelque gros fait de marchandise, empruntent des uns et des autres, fraudant leurs créanciers. Et après que, par tel artifice, ils ont ainsi frustré quelque grosse somme de deniers, font banqueroute, et vont, comme on dit, au saffran et en lieux loingtains vivre de ce qu'ils ont volé et rapiné aux autres, lesquels ils laissent le plus souvent en telle povreté, qu'il y en a eu qui se sont penduz et estranglez de leurs propres mains, se voyant frustrez de ce qu'ils tenoyent aussi asseuré qu'en leur bourse.

» Si la foy ne se trouve entre les marchands (desquels on a journellement besoing), que sera-ce, sinon confusion publique et brigandage, et une forest de larrons? Leurs boutiques serviront de spélunques pour réceler et héberger la fraude, le dol et la pillerie.

» Voy. les Estats d'Espagne, articles 30 à 33, où nous est ouvert le chemin pour entendre les moyens indeuz desquels usent ceux qui font les draps; comment ils font faulte à la façon forme et matière; comment sont venduz

les draps des uns pour les draps des aultres ; comment on
falsifie les lettres et marques de ceux qui les font ; comment on vend tout pour bon, jaçoit (1) que soit faux ; comment ils employent pezons de laine courte, mal propre à faire
de bons draps, et que le drap qui en est fait n'a force... De
mesme, s'ils tirent les draps avec poulies et rouës, aux fins
de les alonger, d'autant que c'est un vray larreçin ; car étant
ainsi tirez, on trompe à l'aulnage les acheteurs d'un tiers pour
le moins sur chacune aulne : on le cognoît, s'il le fault mouil-
ler par après. Ainsi de ceux qui mettent de l'eau ou autre
liqueur en l'huyle pour l'accroistre, qui vendent celuy de che-
nevières ou de raves pour huyle de noix ; qui mettent de la
chaux au vin pour le faire plus fort et violent. »

---

(1) Quoique.

VI

Les confréries et corporations établies parmi les
artisans donnaient lieu, comme on sait, à bien des
abus.

Du Chalard, devançant la pensée (trop absolue à nos
yeux) du grand ministre Turgot, voudrait les voir entièrement supprimées, et leurs revenus employés à la
fondation d'écoles de garçons et de filles.

« Toutes confrairies, par les ordonnances du roy François Ier,
estoyent abolies, parce qu'elles tendent plus à quelque supersti-
tion extérieure, monopoles, desbauches et fraiz, qu'elles n'ont
forme de bonne et vraye religion. Mais le naturel de telz artisans
et gens méchaniques est si peu docile, ils sont tant fascheux à
gouverner et corriger (joinct à ce les gains et profitz qui en
adviennent aux ecclésiastiques) qu'on ne les a jamais sçu ranger

à l'observation des ordonnances, ne tant faire tant qu'avec les enfans d'Israël au désert, ils n'ayent sauté, dansé, banqueté et yvrongné, le jour de la feste de leur saint et patron, particulièrement éleu, sous couleur et ombre d'une religion et service divin. Et a bien leur insolence procédé tant avant, que pour faire leurs festins, jeux et pompes, ils ont fait entr'eux contributions, impotz et tailles... Ce que du tout devróit estre aboly et prohibé, et les deniers convertiz à usages pitoyables, religieux et de charité, comme à l'entretenement d'un précepteur pour endoctriner et instruire les enfants, à faire apprendre les jeunes filles orphelines, povres et destituées d'amies, et à les marier. »

Du Chalard consacre un court chapitre à la question de l'enseignement, mais il y revient à plusieurs reprises dans le cours de son livre :

« Les lettres humaines ouvrent le chemin pour entrer en toutes autres sciences. Les biens de l'Église n'ont pas été baillés aux ecclésiastiques pour *boire théologalement*, pour farcir leur ventre de viandes, pour dormir après disner, pour jouer aux cartes et dez, et pour consumer le temps en autres voluptez, actes vicieux et dissolutions qui perdent le corps et souillent l'âme...

» Il est bien requis, puisqu'ils ont les biens des habitans, qu'il en soit départy une portion à la piété, à la religion et enseignement des enfans de la ville, aux fins qu'ils se rendent par après capables de servir et profiter au public...

» Ainsi il faut donques avec bonne considération et sain jugement élire un maistre tempéré, non paillard, non yvrongne, non subjet à ses débordemenz, affections et passions, et qui ne sache s'accomoder à l'instruction humaine et à l'aage et capacité des enfans, et les inciter et poindre aux lettres, à la vertu. par remonstrances et douces persuasion, comme le preux et vaillant capitaine meut et stimule ses soldats à l'honneur, à la victoire. lorsqu'il est prest de livrer l'assaut à son adversaire, retirant les trop hardis et acheminant avec motz poignants les pusillanimes. retifs et couards, non par force de corps, par immodérée et tyrannique correction, de peur de ne les destourner et faire quitter le tout ; mais par tempéré chastiment les doit attirer. leur proposant devant les yeux les exemples des grands et sçavants en la République, qui sont élevez en honneur, et les peines et angoisses journelles que portent les ignorans, qui tousjours demeurent accropiz et ensepveliz contre terre.

» Quant l'Université fait quelque cas mémorable, quant elle florit en bonnes lettres et mœurs, tout le pays en est honoré et estimé davantage, voire est redouté des ennemis, y sachant avoir gens providens et de conseil... Par le passé, les empereurs et roys, amateurs des lettres et fondateurs des Universitez, leur ont baillé de beaux priviléges, mesmement aux estudians actuellement et lecteurs ordinaires... D'autant qu'on tendoit les priver de tel bien, pour les abus qui s'y commettent, ils ont fait certaines remontrances, où monsieur Ramus, orateur excellent, fait tout devoir de père de l'Université. Il est certainement bien raison, attendu que, dès leur jeune aage. ils abandonnent parens. amis, païs et biens, pour avoir moyen quelque jour de pouvoir profiter à la République, que la République leur favorise en quelque chose. »

VII

Du Chalard reproche enfin aux Français, comme un vice commun à toutes les classes de la société, la sensualité et l'amour du luxe. Notre époque, malheureusement, n'est pas à l'abri du même reproche, et nous pouvons nous appliquer à nous-mêmes plus d'un trait de la peinture énergique qu'en fait notre vieux jurisconsulte.

« C'est un vice commun aux François que la paillardise entre les plus grands, les moyens et les plus petits. Le bien et grassement vivre engendre telle luxure : *venter mero æstuans facilè spumat in libidinem*. Voylà pourquoy on appelle maintenant la vérolle *maladie françoise* où l'on souloit l'appeler maladie néapolitaine.

» A la vérité, de porter tant de soyes, dorures, draps et toyles d'argent, tant d'affiquets, de perles et autres choses précieuses aux oreilles, est une grande énormité : *il fault lais-*

4.

ser cela aux barbares, payens et Turcs... A quoy aussi nostre roy a baillé ordre par son édict, comme j'ay sus allégué ; en outre prohibé, à peine arbitraire et de confiscation, tant de dorures sur plomb ou fer ou bois. Les statues et images y deussent estre comprinses, où s'en consume beaucoup, qui ne sert à rien, mais rend le povre peuple bas, mal presché, plus idolâtre que chrestien.... Combien de femmes, voire d'hommes, voyans et comtenplans telles images s'y sont arrestez si avant et desployé leur venes sur elles de si près, qu'il leur a semblé que les images mouvoyent les yeux, remuoyent les bouches et parloyent à eux ! Certes, moy mesme, en mes plus jeunes ans, ay esté espris de telles resveries. Mais combien de femmes les ont vestues et revestues, tantost de lange, tantost de soye, les coronant de fleurs diverses, et enrichissant de divers joyaux.

» Je ne veux pas improuver les cérémonies de l'Église, ne dire qu'il ne soit bon induire le peuple à dévotion ; mais je voudroye tenir qu'il seroit meilleur de le bien prescher, et advenant les festes des saincts et sainctes, leur ramentevoir par bon exemple leurs vies, leurs patiences, leurs angoisses, l'austérité de vivre, et les morts cruelles qu'ils ont enduré pour l'honeur de Jésus-Christ, que d'emplir l'Église d'images dorées, et en faire comme le dit le bon prophète Baruch, en son pénultième chapistre. Il est bon de servir Dieu en pureté de cœur et sincérité de conscience : c'est ce qu'il désire de nous. Les mystères aussi et sacremens, fault qu'ils soyent faits avec toute netteté ; mais, quant à moy, je croy que le Seigneur ne s'esjouit point de tant de pompes et richesses, attendu qu'il a esté l'exemple d'humilité, et est venu en forme de povreté ; il n'a point envie de nos dorures, perles, escarboucles, esmeraudes, agathes, iacynthes, de boucs, taureaux, agneaux, ou autres espèces de fruits. La punition des enfans d'Israël le nous démontre. »

VIII

La conclusion qui, à nos yeux, doit ressortir de cette étude n'échappera pas à l'attention de quiconque aura eu la patience de nous suivre dans cette excursion à travers le livre si curieux de Joachim du Chalard. Le mal social est de tous les temps. Il en est de même des questions de réformes politiques, religieuses, administratives, financières, etc., et la presque identité des termes dans les quels nous les trouvons posées, à des époques si différentes, par des penseurs éminents, est à nos yeux significative.

C'est pour ne l'avoir pas compris et pour avoir cru pouvoir éluder ou ajourner indéfiniment ces questions, que tant de pouvoirs sont tombés. Malheureusement, les États de 1560, en constatant le mal et en indiquant

certains remèdes, n'ont pas eu le courage ou l'intelli-
gence nécessaire pour remonter jusqu'à sa source.
C'était une étrange illusion, en effet, de se tenir pour
satisfait en voyant le pouvoir remis au vertueux
l'Hospital, sous le nom d'un roi enfant ; car en lais-
sant subsister la confusion des pouvoirs exécutif et lé-
gislatif dans la main du roi, ou plutôt de ceux qui
en son nom dirigeaient le gouvernement, on s'exposait à voir ceux-ci, par un nouvel édit royal, retirer le
lendemain les concessions de la veille. On sait que
c'est ce qui eut lieu, quelques années après la fameuse
ordonnance de Blois, par le renvoi de l'Hospital du
ministère. Du Chalard partagea l'illusion commune.
Bien que le nom de République française employé
par lui pour désigner l'*État* ou la *Nation* implique
une conception politique complétement étrangère aux
idées du moyen-âge, on ne peut en réalité le considé-
rer que comme un républicain en théorie. Du Chalard
prodigue à Charles IX les noms de père de la République, de père de la Patrie, sans songer que ces noms
ont été portés par les Néron et les Caligula, qui, au
commencement de leur règne, avaient également
fait concevoir l'espérance du rétablissement de la liberté, et qui finirent par exercer dans Rome les plus
horribles cruautés, comme devait le faire Charles IX
lui-même.

Pour du Chalard, de même que pour les jurisconsul-
sultes romains, le prince est la *loi vivante*, et « les
Rois sont établis et ordonnez de Dieu, qui comman-

dent et régissent les peuples et les nations, çà bas en son lieu. »

Ce n'est que plus tard, lorsque les folies et les crimes de Charles IX, et la dégradation honteuse qu'étala dès le début de son règne Henri III eurent définitivement avili la royauté, que quelques esprits osèrent concevoir la pensée d'un changement radical dans les institutions politiques, et que se forma au grand jour un parti appelé par les contemporains : le *parti républicain*. La ligue elle-même par son organisation, bien qu'au fond l'état populaire ne fut, pour ses meneurs du moins, qu'un moyen de déblayer le terrain au profit des quatre ou cinq prétendants français ou étrangers qui se disputaient les lambeaux de la France, était une sorte de République.

Pour bon nombre d'esprits sincères et élevés, « la République offrait un moyen hasardeux, impraticable peut-être, mais séduisant à coup sûr, de sauver cette unité nationale que la royauté ne pouvait plus défendre. En tous cas, c'était un peu d'ordre dans ce pêle-mêle d'institutions en ruine et de prétentions insolentes. Ce parti se composait principalement de catholiques, de petits nobles, de campagnards, de bourgeois, d'écrivains, de petites gens de toute espèce, pillés, ruinés par le roi, par la ligue, par les troupes étrangères. » Si cette éclosion de l'idée républicaine au seizième siècle fut prématurée, ce n'est pas moins un phénomène curieux et digne d'être mis en lumière, comme l'a fait M. E. Cougny, dans un intéressant travail publié dans les *Mémoires lus à la Sorbonne*, en 1866 (1).

L'honneur d'avoir les premiers, au moins spéculativement, conçu la pensée de constituer l'Etat sous la forme républicaine, vers laquelle tendent les sociétés modernes où domine le principe démocratique, appartient, ainsi que l'a remarqué M. Cougny, à ces vénérable jurisconsultes qui, comme Joachim du Chalard, en popularisant le nom par leurs écrits, ont préparé la réalisation de la chose. A ce titre, nous avons cru faire une œuvre utile en mettant sous les yeux de ses compatriotes de la Marche et du Limousin quelques-unes des pensées hardies et originales d'un écrivain trop oublié, qui, malgré la différence des temps, peuvent n'être pas sans application à l'époque actuelle.

(1) *Le Parti Républicain sous Henri III*, d'après des documents nouveaux, par M. E. Cougny.

Limoges, imp. veuve H. Ducourtieux, rue des Arènes, 5.